Petra Stadtfeld

BEGLEITET AUF DEM WEG DES LEBENS

Biblische Meditationen

Kaufmann Verlag

Bibliografische Information der Deutschen Bibliothek

Die Deutsche Bibliothek verzeichnet diese Publikation
in der Deutschen Nationalbibliografie; detaillierte bibliografische Daten
sind im Internet über http://dnb.ddb.de abrufbar.

1. Auflage 2013
© 2013 Verlag Ernst Kaufmann, Lahr
Printed by Leo Paper
ISBN-13: 978-3-7806-3081-0

Inhalt

Zur Ruhe kommen

Geborgen in Gottes Hand

Das Leben ist lebenswert

Den Mut nicht verlieren

Mit Gott an meiner Seite

ORWORT

Wann haben Sie sich zuletzt gefragt, wie es Ihnen geht? Manchmal fällt es schwer, im Alltag die notwendige Zeit und Ruhe zu finden, um bei sich selbst anzukommen. Es gilt, Termine einzuhalten und Verpflichtungen nachzukommen, die das Leben mit sich bringt. Doch Verabredungen mit uns selbst sind genauso wichtig, damit wir den Kontakt zu uns nicht verlieren und die inneren Wesensimpulse nicht überhören. Auch wenn Gott in der Geschäftigkeit unseres Alltags bei uns ist, wird seine Gegenwart eher spürbar in stillen Augenblicken. Gottes leise Stimme wird hörbarer in uns, wenn wir leise werden.

Die vorliegenden Texte laden dazu ein, sich Zeit zu nehmen für sich selbst und für Gott. Sorgen und Ängste, Freude und Trauer, Sehnsüchte und Wünsche werden ernst genommen, das Leben kann sich entfalten.

Die Impulse helfen, den Blick auf sich selbst zu lenken und nachzuspüren, was einen gerade bewegt und welche Themen einen beschäftigen. Nehmen Sie sich Zeit und verweilen Sie bei dem Impuls, der Sie besonders anspricht. Er wird Ihnen helfen, in die Stille und ins Gebet zu finden.

Zur Ruhe
kommen

KRAFT AUS DER STILLE

„So spricht der Herr, der Heilige Israels:
Nur in Umkehr und Ruhe liegt eure Rettung,
nur Stille und Vertrauen verleihen euch Kraft."
Jesaja 30,15

Haben Sie es manchmal auch gern still um sich herum? Kein Straßenlärm, kein Gerede, kein Fernseher und keine Musik im Hintergrund. Den Lärm der Welt draußen lassen und drinnen alles ausgeschaltet und still. Doch nicht jeder mag es so – still und mit sich allein. Die äußere Ruhe kann uns innerlich auch sehr unruhig machen. Die Gedanken übertönen den Geist, Gefühle wirbeln durchs Gemüt, eine innere Unruhe macht sich breit. Doch nur Mut, das kann dazugehören, wenn wir die Stille suchen.

Das Wort „Stille" kommt von stellen, stehen bleiben. Damit es still werden kann in uns, müssen wir stehen bleiben, anhalten. Das geht nicht im Vorbeigehen oder wenn wir in Eile sind. Es braucht Zeit, bis es leise wird in uns. Es braucht Geduld, bis die Stille zur Vertrauten wird und uns zur inneren Mitte führt. Zunächst einmal ist es wichtig, alles zuzulassen, was in mir dröhnt und sich in mir regt. Lassen Sie die Gedanken wie Wolken vorüberziehen, ohne sie festzuhalten. Nehmen Sie Ihre Gefühle wahr, ohne sie zu bewerten, ohne sich darin zu verlieren. Mit der Zeit verschwinden das Laute und das Oberflächliche, die Dinge ordnen sich und der Weg wird frei für das, was tiefer liegt.

Ich stelle bei mir fest, dass der Absprung in die Ruhe und Stille umso schwerer ist, je betriebsamer mein Alltag war. So bin ich am Abend eher dazu geneigt fernzusehen, statt mich bewusst der Stille auszusetzen. Ich spüre eine innere Abwehr in mir, Stille auszuhalten. Da ist die Versuchung groß, zu telefonieren oder ein Buch zu lesen und in eine fremde Geschichte einzutauchen, damit ich nicht mit mir selbst konfrontiert werde. Ich fliehe in die Ablenkung, weil ich die Einsamkeit fürchte. Es fällt mir leichter, mich auf andere Dinge oder Menschen einzulassen als auf mich selbst.

Die Stille lässt uns in unseren eigenen Brunnen schauen: auf verdrängte Gefühle, unterdrückte Ängste, erlittene Verletzungen. Sie legt den Schmerz frei, den wir lieber verborgen halten. Es erfordert Mut, uns selbst anzuschauen und nicht vor der Stille und dem Alleinsein zu fliehen. Wenn wir es jedoch wagen, bis zum innersten Kern vorzudringen, kann die Begegnung mit uns selbst sehr heilsam sein. Dabei spielt das Vertrauen eine wichtige Rolle. Nicht nur die Stille verleiht uns Kraft, sondern auch das Vertrauen, wie es im Bibelvers heißt. Wir dürfen darauf vertrauen, dass es uns mit der Zeit gelingen wird, mehr und mehr in die Haltung der Stille zu finden.

STILLE

in den Vorhöfen pulsiert das Leben
ohne Rast und ohne Ruhe

geduldiges Durchschreiten
führt in die Mitte
wo das Herz zur Ruhe findet

da sein
in absichtslosem Schweigen
bereit für das Nichts
bereit für die Fülle

in der Hoffnung
dass das stille Samenkorn
zu einem Baum voller Früchte
wächst

EINFACH
DA SEIN

„Kommt alle zu mir, die ihr euch plagt
und schwere Lasten zu tragen habt.
Ich werde euch Ruhe verschaffen."
Matthäus 11,28

Heute brauche ich nichts zu leisten. Heute erlaube ich mir, nichts zu tun. Den Tag auf mich zukommen lassen, ohne zu planen. Offen sein für das, was heute bei mir ankommen will. Doch es ist gar nicht so einfach, nichts zu tun, denn unser Alltagsleben mit seinen Aufgaben und Verpflichtungen sieht in der Regel anders aus. Da bleibt oft keine Zeit für Müßiggang. Und wenn mal Ruhe einkehrt, macht sich gern eine innere Unruhe breit. Wir sind es nicht gewohnt, einfach nur da zu sein, ohne zu arbeiten oder uns mit etwas zu beschäftigen.

Auch das Nichtstun will geübt sein. Es braucht Zeit, bis es still wird in uns und wir in einen erholsamen Ruhezustand finden. Unsere Seele braucht Zeiten der Stille und Erholung, um nachzukommen und das verarbeiten zu können, was wir erlebt haben. Unser Geist braucht Ruhephasen, um abzuschalten und sich neu zu sortieren. Das aktive Nichtstun beruhigt das unruhige Herz und den zerstreuten Geist. Aber wie kann es mir gelingen, in der Geschäftigkeit meines Alltags bewusster da zu sein und besser im Augenblick zu leben?

Unser Körper ist in diesem Fall, wie so oft, wenn es darum geht, ganzheitlicher zu leben, ein guter Ratgeber. Es kann helfen, sich auf die fünf Sinne zu konzentrieren, wenn ich aus dem Kopf herauskommen will. Einfach mal bewusst hinhören auf die leisen und lauten Geräusche meiner Umgebung. Hören, wie laut oder still es um mich ist, und wahrnehmen, wie es mir damit geht. Das kann ich jederzeit und überall tun. Oder meinen Blick umherschweifen lassen und Farben, Formen, Schatten und Licht sehen und einen Augenblick bei dem verweilen, was meinen Augen guttut. Die Wärme oder Kälte spüren, die mich umgibt, die Sonnenstrahlen auf meiner Haut oder den Wind in meinen Haaren. Fühlen, hören, riechen, schmecken, sehen – es ist ganz einfach, wenn ich körperlich nicht eingeschränkt bin. Wir tun es jeden Tag. Es bewusster zu tun kann uns dabei helfen, abzuschalten und wieder ins innere Gleichgewicht zu finden.

Lass mich in die Stille finden.
Ich möchte zur Ruhe kommen,
Atem holen, ausruhen vor dir.
Meine Kräfte sind aufgebraucht.
Ich bin müde geworden.

Lass mich zu dir finden.
Ich will nicht denken. Ich will nicht reden.
Ich möchte einfach nur da sein
und schweigen und hören.
Ich sehne mich nach deiner Nähe.
Ich suche Geborgenheit bei dir.

Lass mich wieder zu mir finden.
Zeige mir den Weg in meine innere Mitte.
Sieh, wo ich stehe. Sieh, wer ich bin.
Und erbarme dich meiner.

GESCHENKTE ZEIT

„Alles hat seine Zeit. Für jedes Geschehen
unter dem Himmel gibt es eine bestimmte Zeit.“
Kohelet 3,1

Zeit ist ein kostbares Gut, das uns nicht unbegrenzt zur
Verfügung steht. Jede Minute, jeder Augenblick ist ein
Geschenk. Viele Menschen leiden unter Zeitdruck und
Stress. Zeitmangel ist ein weit verbreitetes Phänomen
geworden. Wann haben Sie zuletzt sagen müssen „Ich
habe keine Zeit“? Freie Zeit ist für viele die ersehnte In-
sel, fernab von dem beschleunigten Zeitkarussell. Am
Wochenende oder im Urlaub geht es meist ruhiger zu,
es sei denn, der Freizeitkalender ist auch mit Terminen
zugepackt. Wir brauchen Auszeiten, die frei sind von Arbeit und Terminen. Zeiten, in denen wir abschalten und
uns erholen können von den Verpflichtungen des Alltags.
Unsere Seele braucht Entschleunigung, damit sie nach-
kommen kann und wir mit uns selbst gut in Beziehung
bleiben. Wir können nicht nur funktionieren, sonst laufen
wir Gefahr, das innere Gleichgewicht zu verlieren.

„Zeit ist Geld.“ Dieser Spruch ist wohlbekannt und be-
tont, wie wertvoll Zeit ist und dass Zeit sich sogar in barer
Münze rechnen lässt, vor allem die berufliche Arbeits-
zeit. Zeit hat aber noch einen anderen Mehrwert, der
sich nicht mit Geld aufwiegen lässt, zum Beispiel die Zeit,

die ich in Beziehungen investiere, im Dasein mit anderen und für andere. Das ist geschenkte Zeit, die unbezahlbar ist. Sie gehört mit zu dem Wertvollsten, was wir anderen Menschen geben können. Vor allem in unserer Freizeit müssen wir uns entscheiden, mit wem und mit was wir unsere Zeit verbringen. Wenn wir keine Prioritäten setzen, haben wir uns schnell verzettelt und geraten unter Druck. Dann braucht es auch schon mal die Feststellung: „Ich habe jetzt und dafür keine Zeit."

Als gläubige Menschen brauchen wir auch Zeit für Gott, wenn wir mit ihm in Beziehung bleiben wollen. Wie jede zwischenmenschliche Beziehung will auch die Beziehung zu Gott gepflegt sein. Wenn wir beten, suchen wir bewusst Gottes Nähe und schenken ihm von unserer Zeit. Wir dürfen alles, was uns bewegt, vor Gott bringen und geben ihm ein wenig von der uns geschenkten Zeit zurück.

ZEIT

das Leben ist dir gestundet
von Tag zu Tag
von Jahr zu Jahr
die Zeit ist dir geliehen

verliere nicht das Pfand
den Augenblick
sonst bezahlst du mit Reue

Hin zu den Quellen

> *„Wer von diesem Wasser trinkt,*
> *wird wieder Durst bekommen;*
> *wer aber von dem Wasser trinkt,*
> *das ich ihm geben werde,*
> *wird niemals mehr Durst haben;*
> *vielmehr wird das Wasser, das ich ihm gebe,*
> *in ihm zur sprudelnden Quelle werden,*
> *deren Wasser ewiges Leben schenkt.“*
> *Johannes 4,13–14*

Wenn Jesus mit der Samariterin am Jakobsbrunnen über Durst und Wasser spricht, dann spricht er von Existenziellem. Er spricht vom Durst nach Leben, nach Liebe, nach Geborgenheit, nach Sicherheit. Er spricht von dem, was wirklich „satt" macht, was unsere Seele nährt. Er spricht von dem, was uns zufriedener sein lässt, was uns im Innersten erfüllt und froh macht.

Jesus selbst will mir lebendiges Wasser sein durch sein Mut machendes Wort, das ich in den Evangelien finde. Sein Zuspruch, seine Zusage gelten mir persönlich. Es ist ähnlich wie mit den Menschen, die wir lieben und die uns lieben. Sie tun uns gut. In ihrer Nähe fühlen wir uns wohl. Auch sie sind für uns wie eine sprudelnde Quelle, aus der wir leben können. Zur Quelle gehen heißt vor allem, sich lieben zu lassen. Jesus schenkt uns seine Liebe durch den

Freund, der zu uns steht. Er ist uns nahe in den Menschen, die uns nahe sind. Aber selbst dann, wenn Menschen uns verlassen, bleibt er bei uns. Auch dann, wenn wir uns von Menschen nicht verstanden fühlen, steht er zu uns.

Im Vertrauen auf ihn wird er mir zur Hoffnung. Im Hören auf sein Wort wird er mir zum Wegweiser. Auf der Suche nach seinem Willen ist er mir Halt und Orientierung. In der Sehnsucht nach seiner Liebe wird er mir zum Freund und Weggefährten.

Wir dürfen darauf vertrauen, dass Jesus uns liebt und wir ihm wichtig sind. Von dem Wasser trinken, das er mir gibt, bedeutet, ihn einzulassen in mein Leben, ihn teilhaben zu lassen an dem, was mich erfreut und bekümmert, mich ihm anzuvertrauen mit allem, was mich bewegt, und mich lieben zu lassen so, wie ich bin.

HIN ZUR QUELLE

Liebe tanken
Hoffnung schöpfen
den Glauben tränken

den Geist nähren
die Sinne beruhigen
die Seele berühren

innehalten
sich erinnern
neu verankern

die Gnade spüren
das Vertrauen stärken
neue Wege sehen
hin zur Quelle

die Wüste wird blühen
der Hass wird versöhnt
die Wunden werden heilen

die Freude wird fließen
der Zorn wird verstummen
die Güte sich erbarmen

die Tränen werden trocknen
die Zweifel vergehen
die Zuversicht wird siegen
an der Quelle

Zur inneren Mitte finden

„Frieden hinterlasse ich euch,
meinen Frieden gebe ich euch;
nicht einen Frieden, wie die Welt ihn gibt,
gebe ich euch. Euer Herz beunruhige sich nicht
und verzage nicht."
Johannes 14,27

Die Suche nach der inneren Mitte wird durch die Sehnsucht nach einem Zustand seelischer Ausgeglichenheit und dem Wunsch nach Harmonie angetrieben. Es ist ein gutes Gefühl, im Lot zu sein, sich eins zu fühlen mit sich und der Welt. Da ist nichts, das einem fehlt, nichts, was stört und an den Nerven zerrt, nur Ruhe und eine zuversichtliche Gelassenheit im Herzen. Leider sind solche Erfahrungen kein Dauerzustand, denn wir leben in der Spannung zwischen Höhen und Tiefen, Gelingen und Scheitern, Harmonie und Konflikt. Das Leben ist ein Wechselspiel an Erfahrungen. Es geht uns nicht immer nur gut und auch nicht immer nur schlecht. Ignatius von Loyola, Begründer des Jesuitenordens und Exerzitienmeister, spricht von Zeiten des Trostes und der Trostlosigkeit, die sich im Leben eines Menschen stets abwechseln. In Zeiten des Trostes finden wir natürlich eher zu Ruhe und Gelassenheit, als wenn es uns nicht gut geht und wir Schweres durchmachen müssen.

Dennoch gibt es auch in solchen Zeiten einen Weg zur inneren Mitte, der damit beginnt, gut mit sich selbst in Kontakt zu sein und wahrzunehmen, was mich beschäftigt und bewegt, was ich denke und fühle. Denn alles, was aus meinem Inneren kommt, kann mich auch dorthin führen, wenn ich aufmerksam bin und versuche, mich selbst zu verstehen. Meine Gedanken, meine Empfindungen, meine Sehnsüchte, meine Ängste und meine Freuden haben ihre Gründe und ihre Berechtigung. Ich darf meinen Gefühlen trauen, auch wenn sie mich eher beunruhigen. Sie erzählen von dem, was mir fehlt, woran ich leide, wonach ich mich sehne. Sie sind die Spur, die mich in meine innere Mitte führt.

Der Weg zu mir selbst ist gleichzeitig der Weg zu Gott, denn er lebt mit mir und in mir. Er ist in meiner Mitte und kann mir zur Mitte werden.

ERFÜLLT

wenn du erfüllt bist
mit Leben
bis zum Rand
lass es überfließen
halte nicht zurück

ströme aus
wie ein Fluss aus der Quelle
werde zur See

wenn du leer bist
vertrocknet
bis auf den Grund
sei geduldig
schone dich

empfange weiter
was dir geschenkt ist
werde zum Brunnen

ZEIT FÜR GOTT

„Jesus betete einmal an einem Ort,
und als er das Gebet beendet hatte,
sagte einer seiner Jünger zu ihm:
Herr, lehre uns beten …"
Lukas 11,1

Ich verbringe gern viel Zeit mit den Menschen, die ich mag und die mir wichtig sind. Es tut mir gut, wenn ich mit ihnen zusammen sein kann, um zu reden und gemeinsam etwas zu unternehmen. Wir suchen einander und schauen, dass wir Zeit füreinander haben. Die Gespräche mit meinen Freunden tun mir gut, weil ich von dem erzählen kann, was mich umtreibt. Und wenn es mir mal nicht so gut geht, kann ich auch einfach nur da sein ohne viel reden zu müssen.

In der Gottesbeziehung ist es nicht anders. Auch mit Gott kann ich reden wie mit einem guten Freund, einer guten Freundin. Wenn ich bete, öffne ich mich auf Gott hin. Ich lasse ihn ein in mein Leben. Ich vertraue mich ihm an mit meinen Sorgen und Nöten, mit dem, was mir auf dem Herzen liegt. Vor ihm darf ich sein, wie ich bin. Ich muss mich nicht verstellen, ich brauche nichts zurückzuhalten, denn vor ihm darf alles sein. Beten heißt auch, schweigend da sein vor Gott, ohne Worte, einfach nur so. Beten ist vor allem auch hören, auf Gott hören und aus den vielen Stimmen seine Botschaft, sein gutes Wort für mich heraushören.

Manchmal braucht es ein bekanntes oder formuliertes Gebet wie das Vaterunser, um ins Beten zu kommen. Ein anderes Mal tut es gut, Gott frei zu sagen, was ich ihm sagen möchte. In der Gottesbeziehung kann es auch trockene Zeiten geben, in denen das Beten schwerfällt. Vielleicht spüre ich seine Nähe nicht oder es kommt mir so vor, als ob Gott schweigt und mich mit meinen Fragen alleine lässt. Auch solche Erfahrungen gehören zur Gottesbeziehung, das ist nicht ungewöhnlich. Wichtig ist, dass ich dranbleibe und immer wieder das Gespräch, die Begegnung mit Gott suche. Manchmal fällt es leichter, dies zusammen mit anderen zu tun. Das gemeinschaftliche Gebet kann uns tragen und mit hineinnehmen in die Nähe zu Christus. Es gibt auch das stellvertretende Gebet: Ich bete für den, dem ich versprochen habe, im Gebet an ihn zu denken. Oder ich bitte andere, für mich zu beten. Das ist das Fürbittgebet. Selbst Gott darf ich bitten, mir beim Beten zu helfen. Er selbst betet in mir, durch seinen Heiligen Geist, der in mir wohnt.

In die Stille hinein

Gott sei Dank ist Ruhe.
Ich genieße den Klang der Stille
und werde selber still.
Die Ruhe tut mir gut.
Ich brauche Abstand von der lauten Welt.
In der Stille können sich meine Gedanken beruhigen
und meine Gefühle bei mir ankommen.

Du bist ein Gott der Stille.
Dich finde ich in den leisen Tönen.
Du bist im Wind,
der sanft durch mein Haar streicht,
in den Sonnenstrahlen,
die meine Haut erwärmen,
im Regen, der die Luft
erfrischt und den Boden tränkt.

Gott sei mit mir in der Stille
und lass mich deine Nähe spüren.
Durchdringe mich mit Liebe und Güte
und lass mich verstehen,
was du mir in die Stille hinein sagen willst.

GEBORGEN IN GOTTES HAND

GEBORGEN IN GOTTES HAND

„Ich vergesse dich nicht. Sieh her,
ich habe dich eingezeichnet in meine Hände."
Jesaja 49,15d–16a

„Ich denke an dich!" Es tut gut zu wissen, dass jemand da ist, der an uns denkt. Wir sind verbunden und fühlen uns nicht allein. Selbst über eine räumliche Distanz kann diese Verbundenheit uns tragen und erfreuen.

„Ich bete für dich!" Menschen, die füreinander beten, wissen sich zudem über Gott miteinander verbunden. Ich lege den anderen sozusagen in die Hand Gottes und bitte um seinen Schutz und Segen für diesen Menschen. Diese Dimension der Verbundenheit trägt eine besondere Kraft in sich. Gott wird zur Brücke zwischen zwei Menschen, die sich nahestehen. Für beide ist er da. Was ich selbst dem anderen nicht geben kann, vertraue ich Gottes Fürsorge und Liebe an. In Gottes Hand weiß ich mich und den geliebten Menschen geborgen.

„Ich vergesse dich nicht." Wir sind kein flüchtiger Gedanke Gottes, sondern fest eingeschrieben in seine Hand, wie ein Fingerabdruck, eine Lebenslinie, einmalig und unverwechselbar. Gott will nicht, dass wir uns verloren fühlen, auch dann nicht, wenn Menschen uns vergessen und uns aus dem Blick verlieren. Ich darf mir sicher sein, dass Gott an mich denkt, dass er mich im Blick hat und mir nahe ist. Ein Blick auf meine Hand kann mir seine Gegenwart bewusst machen und Gott zeigen, dass ich an ihn denke.

Wenn ich den Sternenhimmel
betrachte,
weiß ich,
dass Gott mich und die Welt
in seinen Händen hält.

GOTT NAHT

Ich glaube an
verlorene Herzen
verwundete Seelen
verlassene Gemäuer
vergessene Träume

Ich fülle
verrückte Zeiten
verzweifelte Tage
vergebliches Bemühen
verwunschene Gassen

Ich heile
entwurzelte Gefühle
verirrte Gemüter
verwirrte Gedanken
verlorene Kindschaft

GOTT KANN ICH VERTRAUEN

„Befiehl dem Herrn deinen Weg
und vertrau ihm; er wird es fügen."
Psalm 37,5

Vertrauen ist die Grundlage jeder Beziehung. Wir riskieren uns jeden Tag aufs Neue, wenn wir anderen Menschen vertrauen, weil wir uns dadurch verletzbar machen. Wo Vertrauen zerbricht, folgen schmerzliche Wunden. Doch wer mit anderen in Beziehung sein will, muss bereit sein zu vertrauen, denn ohne Vertrauen geht es nicht. Vertrauen ist ebenso wie die Liebe ein großes Geschenk. Beides lebt vom Empfangen und Geben und „funktioniert" nur, wenn wir uns ganz hin(ein)geben, wenn wir uns selber riskieren.

Wir riskieren uns auch jeden Tag auf's Neue, wenn wir dem Leben vertrauen, denn wir wissen nicht, wie der nächste Tag aussehen wird. Wir gestalten und planen zwar unser Leben, wissen jedoch nicht, was der nächste Augenblick uns bringt. Krankheit, Trennung, Verlust und Misserfolge können dem Leben abrupt eine neue Wendung geben, die unsere Pläne durchkreuzt. Wer solche Lebensbrüche erfahren hat, weiß, wie schwer es sein kann, dem Leben wieder zu vertrauen. Die Sorglosigkeit ist dahin und die Erkenntnis, dass es bei aller Absicherung in Wirklichkeit keine Sicherheiten gibt, fordert uns zu einer gereiften Naivität heraus. Auch die Beziehung zu Gott basiert auf Vertrauen. Kann ich Gott vertrauen? Glaube ich ihm, dass seine Verheißungen von einem Leben in Fülle für mich wahr werden? Vertraue ich darauf, dass er mir beisteht und mir hilft, wenn ich ihn brauche? Die Vertrauensfrage ist die entscheidende Frage in der Beziehung zu Gott. Es gibt Menschen, die durch harte Schicksalsschläge ihren Glauben und ihr Vertrauen in Gott verloren haben, und wieder andere, die gerade dadurch neu zu Gott gefunden haben.

Der Autor des Psalms hat in seinem Leben die Erfahrung gemacht, dass man Gott trauen kann. Er bestärkt uns in unserem Vertrauen und macht uns Mut, uns von Gott führen und leiten zu lassen im Vertrauen darauf, dass es gut sein wird für uns.

VERTRAUEN

sich im Vertrauen riskieren
den Absprung ins Leben wagen
ohne Sicherheit
ohne Garantie

im freien Fall sich in der Liebe bergen
ohne Gewissheit
ob es gut geht

sich dem Geheimnis nähern
mit der Hingabe
die nur eines kennt
Vertrauen

Sich an Gott festmachen

„Werft alle eure Sorge auf ihn,
denn er kümmert sich um euch."
1 Petrus 5,7

Es ist gut, wenn wir mit unseren Sorgen und Nöten nicht allein sind. „Geteiltes Leid ist halbes Leid. Geteilte Freude ist doppelte Freude." Hinter diesem bekannten Spruch steht die Erfahrung, dass das Leben schöner ist, wenn wir es mit anderen teilen können, und das Schwere sich leichter trägt, wenn jemand mit uns geht. Wir sind nicht für die Einsamkeit bestimmt. Wir sind auf Beziehung hin angelegt. In Gemeinschaft können wir uns entfalten. Wir fühlen uns sicherer, wenn wir nicht allein sind.

In Christus haben wir einen treuen Begleiter an unserer Seite. „Werft alle eure Sorge auf ihn, denn er kümmert sich um euch", so hat es Petrus erfahren und er macht den Menschen Mut, sich ebenfalls Christus anzuvertrauen. Aber was ist, wenn ich Gottes Gegenwart nicht oder nur selten erfahre? Wenn ich seine Nähe nicht spüren kann? Dann ist es sehr schwer, sich auf Gott hin loszulassen und sich ihm anzuvertrauen. Auch für Petrus gab es Höhen und Tiefen in der Beziehung zu Christus. Sein Weg mit Jesus bewegte sich in der Spannung zwischen Verleugnung und bedingungsloser Nachfolge. Doch er hat Jesus nie losgelassen, sondern sich immer wieder in sein Kraftfeld ziehen lassen.

Ganz gleich, wo wir in der Beziehung zu Christus stehen und wie nah oder fern wir uns ihm fühlen, er lässt sich auf uns ein. Ganz gleich, wie stolpernd wir mit ihm unterwegs sind, Jesus hat den Anfang gemacht und kommt uns mit seiner Liebe entgegen. Es kommt gar nicht so sehr darauf an, Gott immer zu spüren, so schön das auch wäre. Genauso wichtig ist es, ihm treu zu bleiben und sich nicht von Gott abzuwenden, auch dann nicht, wenn er mir fern und fremd geworden ist.

Gott ist Geheimnis,
so wie die Liebe.
Auch wenn wir beide nicht verstehen,
leben wir doch von ihnen.

DU UND ICH

ich glaube
ich suche
ich zweifle

ich komme
ich fliehe
ich bleibe

ich frage
ich hoffe
ich weine

ich weiß
ich ahne
ich spüre

kann es sein
dass ich dich liebe
Gott

GEHALTEN UND GETRAGEN

„Ich bleibe derselbe, so alt ihr auch werdet,
bis ihr grau werdet, will ich euch tragen.
Ich habe es getan, und ich werde euch weiterhin
tragen, ich werde euch schleppen und retten.
Jesaja 46,4

Kennen Sie auch das Gefühl, manchmal völlig müde und erschöpft zu sein und sich eher durch das Leben zu schleppen, als es in Leichtigkeit und Freude zu leben? Alles fühlt sich so schwer an. Der Alltag macht Mühe. Es ist nur noch anstrengend. Als ob die Last der Welt auf meinen Schultern liegt. Nicht besonders angenehm, ein solches Lebensgefühl. Leidvolle Erfahrungen wie andauernde Einsamkeit, Verlustschmerz, bedrohliche Krankheiten, tief greifende Angst, ständige Überforderung und Ähnliches können uns psychisch wie physisch niederdrücken und das Leben erschweren. Aber so alt wir auch werden, was das Leben auch bringt, Gott hat versprochen, für uns da zu sein, um uns zu tragen, wenn wir ihn brauchen. Wenn es sein muss, wird er uns sogar „schleppen und retten".

Weil Gott sich nach mir sehnt, sucht er mich. In jedem Augenblick meines Lebens sucht er meine Nähe und wendet sich mir in Liebe zu – oft leise und unauffällig. Vielleicht ist es nur ein stiller Moment, in dem Zuversicht in mir aufleuchtet, und ich weiß, dass es irgendwie weitergehen wird. Es kann auch die innere Ruhe sein, die ich im Gebet finde. Oder ein Musikstück rührt mich zu Tränen, sodass ich meinen Ballast mit ihnen rausschwemmen kann und mich hinterher besser fühle. Wir dürfen uns Gottes liebender Fürsorge anvertrauen, mit der er uns durch jeden noch so starken Lebenssturm tragen wird.

Auch in den Banalitäten des Alltags
ist Gott gegenwärtig.

wenn dich die Welt in den Keller zieht
dir das Leben entgleitet
der Kummer nicht mehr mit den Wolken
von dannen zieht
denk himmelwärts

wenn du dich einsam und verlassen fühlst
keinen weißt
der an dich denkt
denk himmelwärts

wenn das Licht der Freude
nicht mehr bis zum Abend reicht
die Angst nicht mit dem Winter weicht
denk himmelwärts

denk himmelwärts
so der Himmel
in dein Leben reicht

GOTT SORGT FÜR MICH

> *„Macht euch also keine Sorgen und fragt nicht:*
> *Was sollen wir essen? Was sollen wir trinken?*
> *Was sollen wir anziehen?*
> *Euer himmlischer Vater weiß,*
> *dass ihr das alles braucht.*
> *Euch aber muss es zuerst um sein Reich*
> *und um seine Gerechtigkeit gehen;*
> *dann wird euch alles andere dazugegeben.“*
> *Matthäus 6,31–33*

Die Sorge folgt dem Leben und der Liebe. Wir sorgen uns um die, die wir lieben. Wir sorgen für die, die uns brauchen. Menschen sorgen sich um ihren Arbeitsplatz oder ihre Gesundheit. Je älter wir werden, desto mehr schwindet der Glaube an die Sorglosigkeit des Lebens. Einem Kind können wir noch durch Zuspruch und Vertrauen die Sorgen nehmen, aber als erwachsener Mensch holt uns mehr und mehr die Erkenntnis ein, dass es keine Sicherheiten und damit auch keine echte Sorglosigkeit gibt. Länger andauernde und schwere Sorgen können mit der Zeit sogar zum seelischen Kummer werden, der uns niederdrückt und uns sehr belastet.

Wenn Jesus uns auffordert, dass wir uns keine Sorgen machen sollen, meint er vor allem die übertriebene Vorsorge. Er warnt davor, sich zu sehr auf das Äußere zu konzentrieren und dabei das Wesentliche aus dem Blick zu verlieren. Essen und Trinken, Kleidung, Haus und Auto dürfen und müssen sein, aber wir sollten achtgeben, wie viel Zeit und Kraft wir auf das (Be-)Sorgen verwenden.

Nach dem Willen Gottes leben und tun, was für uns und andere Menschen gut ist, lässt zufriedener sein, sodass nicht mehr so viele Wünsche offen bleiben. Die Sorge um das Leben und die Entfaltung des Reiches Gottes in unserer Welt sind Aufgabe und Herausforderung, die mir selbst zur Entfaltung dienen und mich innerlich erfüllen. Die übertriebene Sorge darf ich an Gott abgeben. Er trägt mit mir und für mich, was ich alleine nicht tragen kann.

DER *Herr* IST MIT DIR

du bist nicht allein
weder heute noch morgen
weder in guten noch in schlechten Tagen
weder in der Freude noch im Leid
weder in der Betriebsamkeit noch in der Stille

du brauchst nichts zu fürchten
weder den Tod noch das Leben
weder das Endgültige noch das Vergängliche
weder das Fremde noch das Vertraute

du bist gesegnet
vom ersten Tage an
bis an dein Ende
und darüber hinaus

DAS LEBEN IST LEBENSWERT

Ich bin genug

„Ihr seid das Salz der Erde …
Ihr seid das Licht der Welt.“
Matthäus 5,13–14

Wenn Sie auf einer Skala von 1 bis 10 Ihren Selbstwert einschätzen sollten, welche Punktzahl würden Sie sich geben? Sind Sie mit sich selbst zufrieden oder eher unzufrieden? In meiner beruflichen Praxis als geistliche Begleiterin stelle ich immer wieder fest, dass sich viele Menschen schwertun, wenn es darum geht, positive Eigenschaften von sich zu benennen. Die eigenen Schwächen und Fehler sind viel mehr im Bewusstsein als die guten Seiten. Wie wir zu uns selber stehen zeigt sich am deutlichsten, wenn wir Fehler machen und unsere Schwächen zum Vorschein kommen. „Was bist du doch für ein Idiot. Wie konntest du nur so blöd sein“, meldet sich der strenge innere Richter nur allzu gern zu Wort. Sich selbst positiv zu beurteilen fällt meist wesentlich schwerer. Auch Komplimente von anderen kann nicht jeder Mensch gleich gut annehmen. Die Kritik und besonders die Selbstkritik liegen uns oft näher als das Lob. Das mag auch daran liegen, dass das, was uns fehlt, was schiefläuft, uns stärker beeinflusst als das, was gelungen ist. Das Schmerzliche hat oft eine nachhaltigere Wirkung als das, was gut war. Vielleicht brauchen wir gerade deshalb das gute Wort vom anderen umso mehr. Vorausgesetzt, es ist ehrlich gemeint, tun uns Mut machende Worte gut. Sie bestärken uns und fördern unser Selbstbewusstsein. Wir brauchen den wohlwollenden und respektvollen Blick von außen ebenso wie die eigene Wertschätzung.

Wenn Jesus uns „das Salz der Erde und das Licht der Welt" nennt, macht er damit deutlich, dass es im Leben auf uns ankommt. Wir sind diejenigen, die die Welt gestalten und füreinander „Licht und Salz" sein können. Seine Zusage ist gleichzeitig auch eine Herausforderung. Wir sind aufgefordert, unser Leben in die Hand zu nehmen und als Christen in der Welt zu wirken. Dabei sieht Jesus auf unsere Größe und Würde und nicht auf unsere Fehler und Schwächen. In seinen Augen sind wir wertvoll und liebenswert, so, wie wir sind. Wir sind großartig und genug, um für die Welt „Licht und Salz" sein zu können.

der Blick des Zweifels sagt
das schaffst du nie

der Blick der Angst sagt
das überstehst du nicht

der Blick der Einsamkeit sagt
du bleibst allein

der Blick der Schuld sagt
das hast du nicht verdient

der Blick des Kummers sagt
es lohnt sich nicht

der Blick Gottes sagt
Mensch, du bist genug

STAUNENSWERT

„Ich danke dir,
dass du mich so wunderbar gestaltet hast.
Ich weiß: Staunenswert sind deine Werke."
Psalm 139,14

An jedem Morgen erwartet uns das Geschenk eines neuen Tages, der einmalig ist und sich nicht wiederholen lässt. Auch wenn uns dies bewusst ist, scheint dennoch ein Tag oft wie der andere zu sein. Da gibt es wenig Abwechslung im Tagesablauf, bei der Arbeit und in den Begegnungen. Schnell schleicht sich da Routine ein. Das Leben birgt wenig Überraschendes und Neues. Das Alltägliche ist nichts Besonderes mehr. Worüber sollte man da staunen? Über das saubere Wasser aus dem Wasserhahn, das frische Brot auf dem Frühstückstisch, die blühenden Blumen im Garten …? Was wir jeden Tag vor Augen haben, übersehen wir leicht. Es bedarf schon einer besonderen Aufmerksamkeit, um immer wieder über die Selbstverständlichkeiten des Lebens ins Staunen zu geraten.

Es ist schön, Kindern dabei zuzusehen, wie sie sich für ihre Umwelt begeistern können. Für sie ist das Leben wie eine Entdeckungsreise. Je genauer man hinsieht, desto mehr gilt es zu entdecken, manchmal ungeduldig, manchmal gebannt und selbstvergessend. Für sie ist jeder Tag ein Abenteuer – aufregend und spannend.

Es muss ja nicht gleich turbulent zugehen und ein Ereignis das andere jagen. Oft sind es die kleinen Dinge, die uns erfreuen und guttun: das Blau des Himmels, ein freundliches Wort, ein Lächeln, das gute Essen, der schwanzwedelnde Hund, der sich freut, wenn ich nach Hause komme. Was hat Sie in letzter Zeit froh gemacht? Was hat Ihnen heute gutgetan? Ein stiller Moment kann helfen, die bekannten Dinge wieder neu zu betrachten, Vertrautes aus einem anderen Blickwinkel anzuschauen und mich von dem, was ich erwarte, überraschen zu lassen und festzustellen, dass der ganz banale Tag doch ein besonderer Tag ist, der vieles mit sich bringt, das staunenswert ist und mich mit Dankbarkeit erfüllt.

sei achtsam
auf den Augenblick
jetzt ist das Leben
das dich durch und durch erfüllt
mit Sein

sei achtsam
auf deine Regungen
in ihnen regt sich Gott
der dich anregt
mit göttlichem Sein

sei achtsam
auf die Liebe
in ihr liegt dein Anfang
du kannst dich finden
im liebenden Sein

sei achtsam
das Leben ist Wandel
es will dich formen
zu einem Kunstwerk
lebendigen Seins

BEDINGUNGSLOS GELIEBT

„Weil du in meinen Augen teuer und wertvoll bist
und weil ich dich liebe,
gebe ich für dich ganze Länder
und für dein Leben ganze Völker."
Jesaja 43,4

Vielleicht wird am Ende des Lebens die wichtigste Frage die Frage nach der Liebe sein. Wen habe ich geliebt? Wer hat mich geliebt? Liebe ist der Nährboden für das Leben. Sie ist der Grund und Boden, auf dem wir uns entfalten können. Wo es untereinander lieblos zugeht, herrscht eine kalte und bedrückende Atmosphäre. Wenn wir uns verstanden und geliebt fühlen, wachsen wir über uns hinaus. Nichts ist zu beschwerlich, was wir aus Liebe tun. Hingabe wird selbstverständlich und Vertrauen zum wertvollsten Geschenk.

Jede Liebe hat ihren Ursprung in Gott, denn Gott ist die Liebe. Vor ihm brauche ich keine Masken zu tragen und mich nicht zu verstellen. Sein An-Sehen verleiht mir Würde, seine Liebe richtet mich auf. Ich muss meinen Weg nicht allein gehen, Gott geht mit, auch wenn ich mich von ihm entferne. Seine Tür steht jederzeit offen. Ich bin frei und kann mich entscheiden. Gott hat seine Wahl getroffen. Sie gilt für immer und trägt meinen Namen.

Denn ich bin ihm wichtig. In Gottes Augen bin ich unendlich wertvoll. In seinem Herzen habe ich einen festen Platz. Gott liebt mich bedingungslos, so wie ich bin, und steht treu zu mir. Daran kann ich mich festmachen. Darauf kann ich mich verlassen. Von dieser Liebe kann ich leben. Er liebt mich so sehr, dass er in Jesus, seinem Sohn, sogar sein Leben für mich hingegeben hat. Mit Blick auf mein Leben werde ich am Ende eines mit Sicherheit sagen können: Gott hat mich immer geliebt.

Ein erfülltes Leben
braucht keine Siege,
sondern Liebe.

in der Hingabe kannst du nur hilflos sein
dich beschenken lassen
für die Zeit der Gnade

in der Liebe kannst du nur Hingabe sein
die Sinne bereiten
für Ekstase und Schmerz

im Leben kann dein Herz unendlich verloren sein
ohne Hingabe
ohne Liebe

JA ZUM LEBEN

„Leben und Tod lege ich dir vor,
Segen und Fluch. Wähle also das Leben …"
Deuteronomium 30,19

Menschen, die zufrieden sind und mit sich im Einklang leben, haben eine positive Ausstrahlung. Ihre Energie und Lebensfreude ist ansteckend und wirkt anziehend auf andere. Es tut gut, mit solchen Menschen zusammen zu sein und in ihr positives Stimmungsfeld einzutauchen. Sie ziehen uns in ihren Bann und in ihr Kraftfeld.

Unser Geist sucht das Lebensbejahende. Dabei geht es nicht um Höhenflüge der Gefühle oder darum, stets guter Laune zu sein. Es geht um die innere Grundhaltung. Lebensbejahend können auch die Tränen eines Freundes sein, der mit uns trauert, oder die Entscheidung, sich zu trennen, bevor eine Beziehung zerstörerisch wirkt. Es geht um das, was uns weiterhilft und das Leben fördert.

Unser Geist strebt nach Hoffnung und Zuversicht, denn wir sind für das Leben bestimmt. Wir brauchen das Mut machende Wort und den tröstenden Blick. Wir suchen nach Bestätigung und Anerkennung. Wir leben von Zuspruch und Vertrauen. Wir sehnen uns nach Liebe und Geborgenheit. Wo wir das erfahren dürfen, wird Gottes Ja zu uns konkret. So lernen wir, dem Leben zu vertrauen, und damit auch dem Schöpfer des Lebens.

In guten Zeiten ist es leicht, das Leben zu bejahen, aber wenn wir an die Grenzen unserer Kräfte und Möglichkeiten geraten, kann das Lebenshaus schnell ins Wanken kommen. Wir brauchen dann besonders Menschen, die uns mit ihrer positiven Stimmung stützen. Wann immer wir mit unserer Kraft am Ende sind, dürfen wir uns aber auch ins Kraftfeld Gottes ziehen lassen. Gottes Kraft zeigt sich in seiner bedingungslosen Liebe zu uns Menschen, die Gott mir in den Worten seiner frohen Botschaft zuspricht, beim Empfang der Sakramente schenkt und die er in jeden Segen hineinlegt. Gottes Kraft wirkt in mir durch seinen Geist, mit dem er mich belebt und stärkt. So tritt Gott selbst für mich ein und zeigt mir den Weg, wenn ich nicht mehr weiterweiß. Sein Ja zu mir bestärkt mich in meinem Ja zum Leben.

Abbrüche, Sackgassen,
Abwege, Umwege –
keine Zukunft ohne dein Ja

Brüche, Wunden,
Narben, Verletzungen –
keine Heilung ohne dein Ja

Misserfolg, Chaos,
Verlust, Enttäuschung –
kein Erbarmen ohne dein Ja

Verzweiflung, Angst,
Misstrauen, Versagen –
keine Hoffnung ohne dein Ja

in deinem Ja
kann sich meine Gebrochenheit sehen lassen

in deinem Ja
löst sich meine Schuld

in deinem Ja
kann sich mein Nein wandeln

GOTT WOHNT IN MIR

„Wisst ihr nicht, dass euer Leib ein Tempel
des Heiligen Geistes ist, der in euch wohnt
und den ihr von Gott habt?"
1 Korinther 6,19

In den letzten Jahrzehnten hat sich eine körperfreundlichere Kultur entwickelt mit dem Blick für die Zusammenhänge von Körper, Geist und Seele. Körperliche Gesundheit ist für viele Menschen das höchste Gut: „Hauptsache gesund!" ist ein Wunsch, der bei vielen an oberster Stelle steht. Verständlich, wie ich meine, denn unsere körperliche Verfasstheit hat große Auswirkungen auf unser Lebensgefühl. Wir dürfen unserem Körpergefühl vertrauen. Es signalisiert uns deutlich, was uns guttut und was nicht.

Was Körper, Geist und Seele brauchen, ist unsere liebevolle Zuwendung und Aufmerksamkeit. Vielen Menschen fällt es schwer, sich in ihrer Körperlichkeit so anzunehmen, wie sie sind. Mode und Werbung suggerieren uns das Idealbild der schönen Frau und des schönen Mannes. Doch es geht nicht darum, perfekt auszusehen. Wichtig ist, dass wir uns wohlfühlen in unserer Haut. Der Körper ist ein wertvolles Geschenk, auch in seiner Schwachheit und Unvollkommenheit. Er ist ein heiliger Ort, in dem Gott selbst wohnt, unabhängig davon, ob wir gesund oder krank, behindert oder nicht behindert sind.

Wir finden Gott vor allem in uns selbst. Unser Körper ist die Wohnstatt Gottes. Und er wohnt gern in uns. Tun wir das auch?

Alles Lebendige
hat seinen Ursprung
und sein Ziel
in Gott.

Wo ich verstanden werde,
bin ich zu Hause.

Du wohnst in mir

du sprichst mich an in meinen Regungen
deine Wahrheit finde ich in mir

begegnest mir in meinen Gefühlen
meine Gedanken erzählen von dir

du fließt wie Blut durch meine Adern
in meinem Kummer bist du mir nah

strahlst mir entgegen voller Freude
und linderst jeden Tränenschmerz

bist köstlich mir in gutem Essen
wie warmer Wind in meinem Haar

berührst mich sanft mit Sonnenstrahlen
winkst zart mir zu mit jedem Flügelschlag

dich find ich innen
find ich außen
umgibst mich ganz
und wohnst in mir

drum schärfe meine Sinne
auf dich hin
und werde mehr und mehr
mein Sinn

DEN MUT
NICHT VERLIEREN

WÜSTENZEITEN BESTEHEN

„Danach trieb der Geist Jesus in die Wüste.
Dort blieb Jesus vierzig Tage lang und wurde
vom Satan in Versuchung geführt."
Markus 1,12–13

Wüste bedeutet Trockenheit, Dürre, karge Landschaft. In der Lebenswüste brechen die äußeren Fassaden zusammen. Wir sind auf uns selbst geworfen und müssen den schweren Weg letztlich alleine durchstehen. Wir stoßen an unsere Grenzen und erkennen vielleicht, dass doch nicht alles möglich und so einfach ist, wie wir es uns vorgestellt oder bisher erlebt haben. Wüstenzeiten bringen das Leben auf den Punkt. Wenn es schwer wird, wenn wir nicht mehr weiterwissen, stellt sich die Frage nach dem Wesentlichen im Leben, nach dem Sinn des Lebens. In den Wüstenzeiten trennt sich die Spreu vom Weizen. Es wird klarer, was wirklich wichtig ist, was ich brauche und wovon ich lebe.

Die Wüste war für die früheren Mönchsväter der Ort der Dämonen, wo der innere Kampf mit den bösen Geistern stattfand: die Auseinandersetzung mit den inneren Kräften, die im Menschen wirken. Sie haben die Wüste als Ort der Läuterung und Reinigung erfahren, der ihnen half, zu notwendigen Entscheidungen zu finden. Hierin liegt eine große Chance. Der Weg durch die Lebenswüste kann uns in die innere Mitte führen, hin zu uns selbst, zu persönlicher Reife und innerem Wachstum.

Auch Jesus kennt solche Wüstenzeiten. Nach seiner Taufe durch Johannes und der Bestätigung durch seinen himmlischen Vater als „mein geliebter Sohn"(Markus 1,11) treibt der Geist ihn in die Wüste. Er wird dorthin getrieben, das heißt, er spürt eine Macht in sich, die ihn in die Wüste führt, so als ob die Zeit reif ist für diese intensive Begegnung mit sich selbst. Bevor Jesus zu den Menschen hinausgeht, um das Reich Gottes zu verkünden, zieht er sich zunächst einmal in die Stille und Einsamkeit zurück, und zwar an einen Ort, der sowohl äußerlich wie innerlich herausfordert. In den vierzig Tagen Wüstenzeit kommt er an seine seelischen und körperlichen Grenzen. Jesus weiß, worauf er sich einlässt, als er sich vom Geist in die Wüste führen lässt, denn die Wüste gehörte zum natürlichen Lebensraum Jesu. Er nimmt diese Herausforderung an, die ihn durch die Versuchungen des Satans bis an den Abgrund seiner geistigen Existenz führt. Er kann der Versuchung nicht ausweichen. Er muss sich entscheiden und bekennen, woran er glaubt, was ihm wirklich wichtig ist, wem er vertraut und auf wessen Seite er steht.

Jede Wüstenzeit in unserem Leben führt uns an unsere Grenzen und meistens zur bewussten Standortbestimmung und neuen Ausrichtung. Wo stehe ich eigentlich? Was ist mir wirklich wichtig? Wo will ich hin mit meinem Leben und mit wem will ich meinen Weg gehen? So schwer solche Wüstenzeiten auch sein mögen, sie bieten uns die Chance zur Vergewisserung, zum Perspektivenwechsel oder zur Kurskorrektur.

das Herz ist wund
vom Warten
die Stimme rau
vom Schrei
der nur nach innen geht

wenn nichts geschieht
ist Leben unerträglich
ist dennoch bleiben
durchgereifte Wahl

Mut
zum nächsten
Schritt

„Der Herr sprach zu Abram:
Zieh weg aus deinem Land,
von deiner Verwandtschaft und
aus deinem Vaterhaus in das Land,
das ich dir zeigen werde.
Ich werde dich zu einem großen Volk machen,
dich segnen und deinen Namen groß machen.
Ein Segen sollst du sein."
Genesis 12,1–2

Glauben ist ein Weg. Es ist ein langer innerer Weg, der sich nach und nach in mir entfaltet und mich Gott immer näher bringt. Glauben heißt aufbrechen, sich auf den Weg machen und auf dem Weg bleiben, um Gott zu suchen, mit Gott unterwegs zu sein und sich von ihm führen und begleiten zu lassen. Die Bibel ist voller Weggeschichten, in denen Gott Menschen auffordert aufzubrechen, so wie Abraham. Nur wenn Abraham aufbricht, kann er zum Segen werden.

Auch heute schreibt Gott solche Weggeschichten: unsere Lebensgeschichten. Es ist meine Geschichte mit Gott und Gottes Geschichte mit mir, die zum Leben in Fülle und im Letzten zum Heil führt, bei allem Unheil, das mir auf dem Weg widerfahren kann. Gott ruft uns, damit wir aufbrechen und ihm folgen. Er macht uns Mut, ihm zu vertrauen und den nächsten Schritt zu wagen mit der Zusage, dass wir unter seinem Segen stehen und für andere ein Segen sein können.

Es gibt keinen Weg,
auf dem Gott
sich nicht finden lässt.

BRICH AUF

die alten Spuren taugen nicht mehr
die Pfade sind ausgetreten
kein Land in Sicht

du bist noch nicht am Ende
ein neuer Weg wartet
ein neues Ziel trägt deinen Namen

du spürst
den Kairos
die Reifezeit
die sich erfüllen will

du bist nicht zum Stillstand geboren
Lebendigkeit ist dir eingebrannt
auch wenn die Schritte langsamer werden
kommst du voran

Sicherheit kann dich nicht halten
auch nicht die Freude an dem
was gelungen ist

du weißt dich der Entfaltung verpflichtet
dein Leben kennt nicht nur einen Sinn

brich auf
mit dem was in dir aufgebrochen ist
das Glück wird dich finden

BEHÜTET
UND GEFÜHRT

„Der Herr ist mein Hirte, nichts wird mir fehlen."
Psalm 23,1

„Was bringt mir der Glaube?" fragen junge Menschen oft provokant wie ernsthaft. „Was habe ich davon, wenn ich an Gott glaube?"

In meiner beruflichen Tätigkeit erlebe ich junge Menschen neugierig und interessiert, wenn Glaubende von ihrer religiösen Überzeugung sprechen. Es lässt sie aufhorchen, wenn jemand von seiner persönlichen Gottesbeziehung spricht und von seinen konkreten Glaubenserfahrungen. Es ist spannend zu hören, wo Glaube echte Lebenshilfe wurde und Gottes Gegenwart im Leben eines Menschen spürbar geworden ist.

Ein beeindruckendes Zeugnis der Nähe, Hilfe und Gegenwart Gottes gibt der Beter in dem Psalm. Er hat erfahren, dass Gott auf ihn achtgibt und für ihn sorgt, so wie es ein guter Hirte für seine Schafe tut. Er fühlt sich von Gott behütet und kann sich getrost seiner Führung überlassen, er ist sich sicher, dass es ihm an nichts fehlen wird.

Aus den Worten des Beters spricht ein starkes Gottvertrauen. Er hat seinen Frieden gefunden, nicht durch materielle Absicherung oder ein großes Vermögen, sondern in der persönlichen Beziehung zu Gott. Diese gefühlte Gewissheit lässt ihn ruhig und zuversichtlich sein.

Gott behütet und führt auch uns. Er ist da, wenn wir ihn brauchen. Er lässt sich finden, wenn wir ihn suchen. Auch wir dürfen darauf vertrauen, dass Gott unser Verlangen nach Leben, Liebe und Geborgenheit kennt und stillen kann. In Gott haben wir einen treuen Begleiter und Beschützer an unserer Seite, der achtgibt, dass wir nicht verloren gehen.

es gibt Tage
da möchte ich mich selbst verlassen
fliehen
vor meiner Angst
vor dem Schmerz meines gebrochenen Herzens
in die Stille des Nichts

es gibt Tage
da möchte ich dich verlassen
fliehen
aus dem Wir ins Ich
aus der Bindung
in die Freiheit neuer Möglichkeiten

es gibt Tage
da möchte ich die Welt verlassen
fliehen
vor dem Schrei des Elends
vor der Bedrängnis des Vergehens
in das Paradies der Verheißung

doch an keinem Tag
wolltest du, Gott, mich verlassen
wolltest du fliehen
vor mir

auch ich werde bleiben

*I*CH WEISS, WAS ICH WILL

„Und Jesus fragte ihn (Bartimäus):
Was soll ich dir tun?"
Markus 10,51

„Ich weiß, was ich will." Das hört sich nach einem selbstbestimmten Leben an. Es ist gut, wenn jemand sagen kann, was er will. Es zeugt von Selbsterkenntnis und Selbstbewusstsein, wenn ich meine Sehnsüchte und Wünsche kenne, sie benennen und in die Tat umsetzen kann. Jeder erwachsene Mensch trägt selbst die Verantwortung für das, was er will. Es liegt an mir, meine Möglichkeiten zu nutzen und zu tun, was ich tun kann, um das zu erreichen, was mir wichtig ist. Das hat nichts mit Egoismus zu tun, sondern mit Verantwortungsbewusstsein. Wer gelernt hat, seine eigenen Wünsche ernst zu nehmen, kann sich auch für die Entfaltung anderer einsetzen. Die bewusste Wahrnehmung der eigenen Bedürfnisse macht uns gleichzeitig sensibel für das, was der andere braucht. In vielen Heilungsgeschichten der Bibel hören wir, dass Jesus die Menschen zuerst fragt, was sie wollen, bevor er sie heilt. So auch Bartimäus, der blind ist. Was er von Jesus will, scheint doch offensichtlich. Dennoch fragt Jesus ihn danach. Es scheint, als wolle Jesus ihm Mut machen, frei und selbstbewusst zu seinen Bedürfnissen, seinem Herzenswunsch zu stehen. Er braucht sich seiner nicht zu schämen. Er braucht sich auch als blinder Mensch nicht zu verstecken. Bevor Jesus ihn heilt, gibt er ihm damit seine Würde zurück, die er als Blinder in der damaligen Gesellschaft verloren hatte. Indem er ihn anspricht und damit in den Mittelpunkt stellt, hebt er seinen Wert hervor. Bartimäus ist wichtig und es ist wichtig, was dieser Mensch zu sagen hat und was er will. Alle sollen es hören. Alle sollen ihm zuhören, so wie Jesus ihm zuhört und sich ihm mit seiner ganzen Aufmerksamkeit zuwendet. Er hebt nicht die Schuld des Menschen hervor. Ihn interessiert vielmehr, wohin unsere Sehnsucht geht und worauf wir vertrauen.

wenn ich will
was ich habe
ist da nichts
das mir fehlt

ist da nichts
was ich brauche
habe ich alles
was ich will

Die Sehnsucht hört niemals auf

„Meine Seele dürstet nach Gott,
nach dem lebendigen Gott."
Psalm 42,3a

Die Sehnsucht gehört zum Menschsein. Sie ist ein guter Ratgeber, weil sie von dem erzählt, was uns wichtig ist. Wenn wir wissen, wonach wir uns sehnen, sind wir nahe bei uns selbst. Die Sehnsucht verweist uns auf das Wesentliche, auf das, was uns tief im Herzen bewegt. Wer unsere Sehnsucht kennt, der weiß viel über uns. Die Sehnsucht ist ausgerichtet auf ein „Mehr" an Leben, ein „Mehr" im Sein. Im Gegensatz zu unseren Wünschen und Begierden, die meist auf schnelle Befriedigung und äußeres Habenwollen ausgerichtet sind, sucht Sehnsucht nachhaltige Erfüllung und innere Zufriedenheit. Unsere Sehnsucht führt uns in die Weite innerer Freiheit und nicht in die Enge von Sucht und Abhängigkeit.

Oft ist die Sehnsucht auf ein Du hin ausgerichtet. Wir sehnen uns nach denen, mit denen wir uns eng verbunden fühlen und die wir vermissen, wenn sie nicht da sind. Sehnsucht kommt aus dem Herzen, aus der Seele und spricht von unserer Liebesbedürftigkeit und Liebesfähigkeit. Wer die Liebe kennt, kennt die Sehnsucht. Wer Gott liebt, dessen Seele „dürstet" nach ihm. Die Sehnsucht zieht uns hin zu Gott, so dass wir seine Nähe suchen in Gebet und Meditation, in der Stille oder dem Hören auf sein Wort.

Die Sehnsucht ist das Bindeglied zwischen Himmel und Erde, zwischen Mensch und Gott. Jede Liebe und jedes Leben hat seinen Anfang in ihr. Auch mein Leben hat seinen Anfang in der Sehnsucht Gottes nach mir. So wie ich bin, bin ich von Gott gewollt und geliebt. Ich habe einen festen Platz in seinem Herzen.

Lass dein Haus verkommen, aber niemals
deine Sehnsucht. Mit ihr kannst du Schlösser bauen.

WOHIN

was mache ich mit meinem Herzen
das unaufhörlich das deine sucht

wohin mit den Gedanken
die ständig um dich kreisen

wie kann ich mich befreien
von dem Schmerz
den dein Fortgehen hinterließ

o könnte ich doch fliehen
vor der Sehnsucht
die noch immer deinen Namen trägt

VERTRAUEN GEGEN DIE ANGST

„In der Welt habt ihr Angst; aber seid getrost,
ich habe die Welt überwunden."
Johannes 16,33

Jesus bringt es auf den Punkt: Die Welt macht uns Angst. Es gibt keine Welt ohne Schattenseiten. Es gibt kein Leben ohne Angst. Sie ist ein Schutzmechanismus, der uns auf Gefahren aufmerksam macht, damit wir entsprechend reagieren können. Angst kann uns aber auch in tiefe seelische Abgründe stürzen und krank machen. Die Ursachen sind sehr unterschiedlich: Angst vor Krankheit und Schmerzen, Angst vor Misserfolg und Versagen, Angst vor Trennung, Verlust und Einsamkeit, Angst vor dem Tod und Angst vor dem Leben. Was uns bedroht an Körper, Geist oder Seele macht Angst und wir sind herausgefordert, damit umzugehen, denn wir können unseren Ängsten nicht entfliehen. Erinnern Sie sich noch, wann und wovor Sie zuletzt Angst hatten?

Auch Jesus weiß, was es heißt, Angst zu haben, denn er ist Mensch wie wir. Seine größte Angst hat er durchlitten auf seinem Kreuzweg und in seiner Todesstunde. Immer wieder hat er sich voller Vertrauen an Gott gewandt, um bei ihm Trost und Kraft zu finden. Im Vertrauen auf Gott konnte er sich seiner Angst stellen und den Leidensweg bis ans Kreuz gehen und am Ende sein

Leben in Gottes Hand legen. Seine letzten Worte waren Worte des Vertrauens: „In deine Hände lege ich meinen Geist." (Lukas 23,46)

Wenn ich Angst habe, hilft es mir, auf Jesus zu schauen und mich an ihm festzumachen, denn ich weiß, dass er meine Angst kennt. Er lässt mich nicht allein, wenn ich vor dem Abgrund stehe, in den mich die Angst zu stürzen droht. Jesus hat die Welt und damit auch meine Angst überwunden. Sie kann mich zwar erschüttern, aber nicht vernichten. Auch wenn mir die dunklen Seiten des Lebens nicht erspart bleiben, finde ich durch das Vertrauen auf Jesus wieder ans Licht.

SPRUNG INS VERTRAUEN

hinter der Wut
die Trauer

hinter der Trauer
die Tränen

hinter den Tränen
die Wunden

hinter den Wunden
der Schmerz

hinter dem Schmerz
die Angst

hinter der Angst
die Einsamkeit

hinter der Einsamkeit
das Verlorensein

hinter dem Verlorensein
die Sinnlosigkeit

hinter der Sinnlosigkeit
die Sehnsucht nach Hoffnung

MIT GOTT AN MEINER SEITE

KREUZ UND QUER

„Mein Gott, mein Gott,
warum hast du mich verlassen?"
Markus 15,34

Das Leben fühlt sich nicht immer rund an. Manchmal laufen die Dinge quer und wenn es hart kommt, können uns Schicksalsschläge von heute auf morgen aus der Bahn werfen. Persönliche Leiderfahrungen führen uns an unsere Grenzen und werfen Fragen auf: Warum musste das passieren? Warum ausgerechnet mir? Wir möchten wissen, warum wir leiden müssen. Die Frage nach dem Warum ist gleichzeitig auch die Frage nach Gott: Wie kann Gott das zulassen?

„Warum?" ist die Frage des Karfreitags. Es ist die Frage Jesu am Ende seines Leidensweges, seines Kreuzweges. „Warum hast du mich verlassen?" ruft Jesus, den Tod vor Augen. In seiner Ohnmacht und Gottverlassenheit versteht auch der Gottessohn Gott nicht mehr. Er lässt die Frage zu und schreit sie mit letzter Kraft hinaus.

In Angst, Zweifel, Klage drückt sich unsere Ohnmacht und Hilflosigkeit aus. Wir brauchen dieses Ventil, um den Schmerz auszuhalten. Wie sonst sollen wir das, was wir nicht verstehen, leben? Wenn wir den Sinn dessen, was geschieht, nicht erkennen können, müssen wir unsere Verzweiflung und unsere Anfrage hinausschreien dürfen. Nur so können wir unser Kreuz tragen und das Leid aushalten. Im Laufe meines Lebens und so mancher Leiderfahrung hat sich mein Warum mehr und mehr in ein Wohin verwandelt. Wohin führt mich das Schwere und Leidvolle? Wohin werde ich einst sterben? Auf diese Fragen finde ich Antworten in meinem Glauben, mit denen ich leben (und leiden) kann.

Wer glaubt,
braucht das Ende des Lebens nicht zu fürchten.
Wer nicht glaubt,
auch nicht.
Denn Gott glaubt an uns.

wie komme ich hin
wer kennt den Weg

zwischen Einfalt und Weisheit bin ich unterwegs
in der nächtlichen Stille
mit der täglichen Last
verarmt in meiner begehrlichen Welt

zwischen Leben und Tod bin ich unterwegs
verzweifelt aus Angst
die Spur nicht zu finden

aber auch die
die kreuz und quer gehen
führst du heim

WACHSAM SEIN

„Seid also wachsam!
Denn ihr wisst nicht, an welchem Tag
euer Herr kommt."
Matthäus 24,42

Es fällt uns leicht, uns auf das zu konzentrieren, was uns wichtig ist, egal ob wir mit Menschen zusammen sind oder etwas tun, das uns Spaß macht. Es ist keine Anstrengung und die Zeit vergeht wie im Flug. Wir sind gern und voller Aufmerksamkeit bei dem, was uns Freude macht und erfüllt.

Diese Wachsamkeit tut vor allem in Beziehungen gut. Wir merken ganz genau, ob unser Gegenüber uns aufmerksam zuhört und ganz da ist oder ob er mit seinen Gedanken woanders ist. Beziehungen gehen zugrunde, wenn wir das Interesse aneinander verlieren. Nur wenn wir wachsam sind und einander im Blick behalten, bleibt Begegnung echt und lebendig.

Wenn Jesus uns ermahnt, wachsam zu sein, geht dies in eine ähnliche Richtung. Wachsam sein meint in erster Linie achtsam und aufmerksam sein. Mit der Aufforderung zur Wachsamkeit will Jesus unseren Blick für das Leben schärfen. Es ist gleichsam eine Mahnung, das Leben nicht zu vergeuden und nichts als selbstverständlich anzusehen und zu erkennen, wie wertvoll das uns geschenkte Leben ist. Wachsamkeit erhöht nicht die Qualität des Lebens, aber sie macht es uns bewusster.

Wir hoffen darauf, dass Jesus eines Tages wiederkommt und die Welt verwandeln wird. Aber es geht nicht darum, nur am Ende wachsam zu sein. Auch hier und heute lässt Gott sich finden. Die Frage ist, rechne ich mit Jesus? Rechne ich damit, dass er mit seiner Liebe in die Welt hineinwirkt und dass sein Friede in meinem Herzen ankommen kann?

In unserer Welt,
die sich ständig wandelt,
gibt es jemanden,
der über uns wacht
und uns liebevoll wandelt.

Ich wünsche dir,
dass das Leben dir genügend Zeit schenkt zum
Üben,
damit du loslassen kannst,
wenn es Zeit ist,
loszulassen.

Ich wünsche dir,
dass das Leben dir Mut macht, zu träumen,
damit du Vertrauen lernst,
trotz mancher unerfüllter Träume.

Ich wünsche dir,
dass das Leben dir freundlich entgegenkommt,
und du dich auch dann getragen fühlst,
wenn Stürme kommen.

Ich wünsche dir,
dass du gerne Mensch bist
und dein Leben immer mehr lieben lernst,
und dass du am Ende deiner Zeit gut gehen kannst.

Mit Gott an meiner Seite

„Alles vermag ich durch ihn, der mir Kraft gibt."
Philipper 4,13

Manchmal wünscht man sich einfach nur, hindurchzukommen durch das Leben, vor allem in schweren Zeiten. Die Krise bestehen, durchhalten, nicht aufgeben, überleben wollen. Das Leben kommt uns nicht immer freundlich entgegen. Nicht alles, was uns widerfährt, erscheint uns sinnvoll. Wenn die Krankheit kommt oder die Arbeitslosigkeit, wenn eine langjährige Beziehung in die Brüche geht, dann zeigt sich uns das Leben von seiner harten Seite und führt uns an unsere körperlichen und seelischen Grenzen. Augen zu und durch ist eine mögliche Haltung. Wenn es doch nur so einfach wäre!

Hindurchkommen ist kein Zauberwort, keine Abkürzung, die mir den Schmerz erspart. Hindurchkommen ist ein Weg, den ich gehen muss. Es ist ein Weg durch die Wüste und Leere, durch das Dunkel und die Ungewissheit, durch Angst und Verzweiflung. Es kann ein langer, beschwerlicher Weg sein, der viel Kraft, Geduld und Zuversicht fordert.

Der Apostel Paulus war ein junger starker Mann, der vor seiner Bekehrung als Saulus mit fanatischem Eifer die Christen verfolgte. Als Jünger Jesu setzte er schließlich seine ganze Kraft und Energie für die Verkündigung des Reiches Gottes ein und wurde zu einem der größten christlichen Glaubenszeugen. Dabei stieß er immer wieder auf Widerstand und erlebte seine geistigen und körperlichen Grenzen. Sicherlich war für ihn die menschliche Schwachheit auch mühselig und schwer zu ertragen, aber im Laufe seines Lebens- und Glaubensweges erkannte er mehr und mehr, dass Gott ihm vor allem in seiner Schwachheit nahe ist, um ihm seine Liebe und Barmherzigkeit zu schenken.

Gott hat eine besondere Vorliebe für das Schwache in der Welt. Jesus hat sich immer auf die Seite der Schwachen gestellt. Er fühlte sich vor allem den Kranken und Armen verbunden und hatte einen wohlwollenden Blick auf die Sünder und Ausgestoßenen. Gott schaut nicht auf den Status, auf Erfolg oder Misserfolg. Gott sieht tiefer. Er schaut in mein Herz. Durch seine bedingungslose Liebe bestärkt und bestätigt er meine menschliche Größe und Würde und befreit mich zu Wachstum und Entfaltung. Darin liegt für mich die größte Kraft im Leben, die nicht aus mir selber kommt, sondern in der wunderbaren und unbegrenzten Liebe Gottes gründet.

es kommt
wenn es Zeit ist
erfüllte Zeit

es kommt
ungefragt
unberechenbar

es kommt
mit einem Knall
oder leise

was auch kommen
mag
ich komme
wenn du mich brauchst

WIR SIND GESEGNETE

„Der Herr segne dich und behüte dich.
Der Herr lasse sein Angesicht über dich leuchten
und sei dir gnädig.
Der Herr wende sein Angesicht dir zu
und schenke dir Heil."
Numeri 6,24-26

„Es ist ein Segen, dass es dich gibt!" Haben Sie schon einmal darüber nachgedacht, für wen Sie ein Segen sind? Oder umgekehrt, wer Ihnen in Ihrem Leben zum Segen geworden ist? Mit Segen verbinden wir Schutz und Wohlergehen. Einen Menschen segnen bedeutet, ihm heilvolle Kräfte zu wünschen. Wenn wir einander segnen, geben wir dem anderen etwas von uns selbst. Wir lassen ihn teilhaben an unserer Kraft, an unserem Lebensmut. Wir helfen einander, die positiven Kräfte zu mobilisieren, und drücken damit unseren Respekt und unser Wohlwollen aus. Gute Wünsche zeigen dem anderen, dass er uns nicht gleichgültig ist und wir ihm ohne Neid das Gute gönnen. Mit einer solchen positiven Haltung schaffen wir eine gute Atmosphäre in unseren Beziehungen. Sie ist das Fundament, auf dem sich Beziehungen entfalten können, weil jeder so sein darf, wie er ist.

Mit dem Segen kommt noch eine andere Dimension zum Tragen. Wir bringen Gott ins Spiel, wenn wir für uns oder andere um Gottes Segen bitten. Wir stellen uns und den anderen bewusst unter den Schutz Gottes und bezeugen damit, dass wir an die heilvollen Kräfte und den guten Geist Gottes glauben. Bevor ich als Kind das Haus verließ, um zur Schule zu gehen, machte meine Mutter mir jeden Morgen ein kleines Kreuzzeichen auf die Stirn mit dem Segenswunsch „Gott schütze dich". Es war ein gutes Gefühl, weil ich wusste, dass meine Mutter an mich denkt und Gott ein Auge auf mich hat. Dieses tägliche Ritual war etwas Besonderes für mich und hat sich mir tief eingeprägt und dazu beigetragen, dass ich mich sicher und behütet fühle.

Jeder Mensch steht unter dem Segen Gottes; das heißt nicht, dass uns kein Unheil widerfahren kann oder wir keine Wunden davontragen. Gottes Segen ist die Zusage, uns zu begleiten und für uns da zu sein, damit wir die Herausforderungen des Lebens bestehen und einander zum Segen werden können.

Ich segne dich und wünsche dir,
dass du in Liebe und Barmherzigkeit
dir selbst und deinen Mitmenschen begegnen kannst,
damit Wunden heilen können und die Freude wächst.

Ich wünsche dir
tragende Beziehungen,
von denen du leben kannst
und Menschen an deiner Seite,
die dich spüren lassen,
dass du gewollt und geliebt bist.

Ich wünsche dir,
dass du dich von Gott gehalten
und gütig umsorgt weißt
und die unumstößliche Gewissheit,
dass du mit seiner Hilfe alles bestehen kannst.

Möge auf allem, was du tust,
 Segen liegen und dir an jedem Tag bewusst sein,
dass du ein von Gott gesegneter Mensch bist.

GOTT
KLINGT IN MIR

„Mein Herz ist bereit, o Gott, mein Herz ist bereit,
ich will dir singen und spielen."
Psalm 108,2

Wir reagieren auf das, was uns anspricht. „Resonare – zurückklingen", so lautet der lateinische Wortstamm für Resonanz. Resonanz ist das Wechselspiel von Energien und Kräften, die Schwingungen in uns hervorrufen, die uns innerlich bewegen und eine Entsprechung in uns finden. Nicht nur hörbare Töne und Klänge bewirken eine Resonanz, auch Stimmungen, Gefühle und Gedanken wirken in uns und durch uns. Klangvoll bewegen wir uns im Wechselspiel des Lebens und wirken in die Welt hinein.

Wir wirken durch das, was wir sagen und tun. Nichts davon geht verloren, sondern es klingt in die Welt hinein und kommt zu uns zurück. Auch unsere innere Verfasstheit und Stimmung verbreitet sich nach außen. Menschen, die uns kennen, sehen gleich, wie es uns geht, und sie spüren, was mit uns los ist. In unserem Umfeld spiegeln wir uns selbst und ziehen das an, was wir befürchten oder erhoffen, was wir ausstrahlen und was wir bestätigt sehen wollen.

Auch Gott klingt in uns. Wer auf Gott hin „gestimmt" ist, kann ihn wahrnehmen in seinem Herzen, in seinen Regungen, in seinem Geist. Jedes menschliche Leben hat seine eigene Lebensmelodie, mal eher in Dur, mal mehr in Moll, mit allen wohlklingenden Tönen und allen Misstönen. Sie ist unverkennbar und einmalig, wie jeder Mensch einmalig ist. Gott ist unser Grundton, an dem wir uns immer wieder neu ausrichten und stimmen lassen können.

Nichts ist dein,
aber du bist Sein.

Gottes Ansinnen ist immer Liebe.

seitdem du mich berührt hast
schmerzt meine Seele alles
was mich trennt
von dir

seitdem du mich entzündet hast
bin ich gebunden
und möchte gefunden werden
von dir

seitdem du mich bewegt hast
fließt mein Herz über
redet mein Mund unaufhörlich
von dir

seitdem du mich gerufen hast
drängt mich alles
hin zu dir

Ich bin nicht allein unterwegs

„Danach suchte der Herr zweiundsiebzig andere
(Jünger) aus und sandte sie zu zweit voraus
in alle Städte und Ortschaften,
in die er selbst gehen wollte."
Lukas 10,1

Der Mensch ist ein Gemeinschaftswesen. Im Miteinander und Füreinander können wir uns entfalten. Auch Jesus war nicht allein, als seine Zeit gekommen war, das Reich Gottes zu verkünden. Er rief Menschen in seine Nähe, die mit ihm gingen und sich von ihm senden ließen. Neben den zwölf Aposteln gab es viele Frauen und Männer, die zu seiner Jüngerschaft gehörten und ihm folgten. Keiner war allein unterwegs.

Daran hat sich bis heute nichts geändert, denn Christ sein können wir nur in Gemeinschaft. Niemand kann für sich alleine den Glauben leben, so wie sich unser Leben auch nur im Verbund mit anderen Menschen entfalten kann. Miteinander beten, sich über Glaubens- und Lebensfragen austauschen, Gottesdienste feiern und sich in Krisenzeiten gegenseitig unterstützen – das sind unverzichtbare Elemente christlichen und kirchlichen Lebens. Jesus ist mittendrin in der Gemeinschaft derer, die ihn suchen und ihm nachfolgen. Er hat seinen Geist der Gemeinschaft geschenkt und uns aufgefordert, eins zu sein, so wie er und sein Vater eins sind. Zum Christsein gehören sowohl die persönliche Christusbeziehung als auch die Gemeinschaft mit Gleichgesinnten, denn nur so können wir miteinander Kirche sein. Als Christen sind wir nicht allein unterwegs. Um geistlich wachsen zu können, braucht der Geist in mir die Begegnung mit dem Geist im anderen. Gottes Geist führt uns zusammen, damit wir uns gegenseitig im Glauben stärken und ermutigen.

Sich binden,
bedeutet,
der Freiheit
ein Zuhause geben.

geh durch das Wort hindurch
bevor du es sprichst
mit Liebe
Frieden
Trost

buchstabiere es durch
bis es ankommt
in Liebe
im Frieden
mit Trost

sei du selbst im Wort
das du sprichst
andere Worte braucht es nicht

Foto: Stefan Schneider

Petra Stadtfeld, geboren 1961, Studium der Religions-pädagogik und der Praktischen Theologie; Gemeindere-ferentin, Geistliche Begleiterin, Exerzitienbegleiterin im Bistum Trier. Als christliche Autorin schreibt sie spirituelle Bücher und Texte, mit denen sie Mut machen möchte, Gott zu suchen und sich von ihm finden zu lassen.

Quellenhinweis:
Einheitsübersetzung der Heiligen Schrift ©1980 Katholische Bibelanstalt, Stuttgart

Bildnachweis:
Alle Abbildungen Fotolia.com, cover © PANORAMO, S. 6 © mikey, S. 10 © simke. S. 14 © olly, S. 18 © Dinga, S. 22 © phokrates, S. 26 © monropic, S. 30 © picsfive, S. 32 © Carola Schubbel, S. 36 © Andrea Wilhelm, S. 40 © Robert Kneschke, S. 44 © Horticulture, S. 48 © lkunl, S. 52 © Alterfalter, S. 54 © PANORAMO, S. 58 © Jürgen Effner, S. 62 © Yanterric, S. 66 © sil-vae, S. 70 © chesterF, S. 74 © Sternstunden, S. 76 © Joseph Helfenberger, S. 80 © Tetastock, S. 84 © Herbert Esser, S. 88 © ollirg, S.92 © fox17, S. 96 © Mariusz Blach, S. 100 © get4net, S. 102 © Igor Zhorov, S. 106 © Spec-tral-Design, S. 110 © PictureArt, S. 114 Yurok Aleksandrovich, S. 118 © monamakela.com, S. 122 © Butch, S. 126 © Kotangens